SPANISH
Picture Word Book

Edited by
Hayward Cirker

Illustrated by
Barbara Steadman

DOVER PUBLICATIONS, INC.
New York

los árboles

la pajarera

el tendedero

los gauchitos para tender ropa

los pantalones cortos

la acera

la cerca

la camiseta

el pájaro

los pantalones

los calcetines

la pila para pájaros

el césped

el gato

el palo del tendedero

los vasos de papel

el plato de papel

la mesa

el osito de felpa

la manzana

las flores

el banco

los conejos

2 El Picnic

la limonada

las plantas
en maceta

la regadera

el porche

el camino

la manguera

el tarro
de la
basura

el maíz

las galletas

la barbacoa

el huerto

la lechuga

3

la veleta

el huerto

el granero

el henil

la escalera
de mano

la cabra

el comedero

el granjero

el tractor

la horca

los cerdos

el caballo

el gallo

la rana

la gallina

los patos

la charca

En la Finca

5

el bote de remos

el río

la sinagoga

la oficina del médico

la florería

las casas

el asta de bandera

la bandera

las escaleras

la escuela

el baloncesto

saltar la cuerda

el campo de juegos

el balancín

la oficina de correos

el muro

el buzón

la estación de bomberos

la bomba de incendios

el supermercado

el restaurante

la biblioteca

la acera

la puerta

el banco

6 Mi Pueblo

el camino

los árboles

el parque

la estatua

la carretera

la oficina
del veterinario

la cerca
de estacas

la iglesia

la librería

la tienda de ropa

la calle

el techo

la playa
de estacionamiento

el coche

el banco

la farmacia

la panadería

la peluquería

el cajero
automático

el hidrante

el arriate

7

el mono

los gorilas

la cueva

la jirafa

la cebra

los elefantes

las serpientes

los cocodrilos

el tigre

los osos

los pájaros

el antílope

el árbol

el globo

los leones

el hipopótamo

En el Zoológico   9

el árbol

la sombrilla

la bicicleta

la mariposa

el camino

el hombre

el banco

el helado

la carreta

el niño

la rueda

el carrito

el pájaro

10   En el Parque

el nido

el globo

el puente

las rocas

la barca

el cisne

el lago

la mujer

las flores

la niña

el tronco

el pasto

el perro

la ardilla

la pelota

11

el helicóptero

el transatlántico

el túnel

la lancha

el cruce de ferrocarril

la ambulancia

el patrullero

el minivan

el camión

el taxi

la carretera

la motocicleta

la maletera

el conductor

la caravana

el coche deportivo

el dirigible

la ciudad

el avión

la casa

el tren

la bicicleta

el coche de niño

el convertible

el autobús

la capota

el parabrisas

la camioneta

la camioneta de reparto

los faros

el neumático

Los Vehículos 13

las tarjetas postales

el espejo

la jirafa

los globos

la lámpara

la fotografía

el sombrero

el estuche de joyas

el collar

la cartera

el conejo

la pulsera

la falda

el osito de felpa

la blusa

el vestido

la silla

El Cuarto de Niña

las cortinas

la muñeca

la cama

los audífonos

el compact disc

los libros

el juguete

el libro para colorear

las cintas

el aparador

los creyones

las medias

el camisón

la sobrecama

el suéter

la casa de muñecas

la manta

las zapatillas

la alfombrilla de cama

los zapatos

el caballo y la carreta

el payaso

la caja de zapatos

las cartas

el baúl

ENDANGERED

el elefante

los carteles

los veleros

los aviones

las cortinas

la cama

el coche de carreras

las almohadas

el guante de béisbol
y la pelota

la lámpara
de mesa

las sábanas

el vaso

la mesa
de noche

la sudadera

los calcetines

los libros

la manta

el balón
de baloncesto

el bate de béisbol

los zapatos

el gato

la ventana

los banderines

el globo terráqueo

la lámpara de escritorio

la percha

la cómoda

el traje

la corbata

la radio

el escritorio

la banqueta

el enchufe

la silla

los zapatos deportivos

la billetera

la alfombrilla

el canasto

El Cuarto de Niño   17

el Indio

el carromato

la persiana

las ilustraciones

la ventana

el estante para libros

los maceteros

el alumno

el armario

la alumna

la pluma

el bloc

el cuaderno

la silla

el pupitre

los libros

la regla

18 La Clase

el alfabeto

la bandera

el reloj

el tablón de anuncios

los números

el mapa

la pizarra

la maestra

el globo terráqueo

el borrador de la pizarra

la tiza

el escritorio de maestra

el indicador

el canasto

la computadora

la revista

la mesa

el papel

el lápiz

el borrador

el teclado

los cajones

la ventana

la planta

el cuadro

el osito de felpa

el asiento junto a la ventana

las almohadas

la televisión

el sofá

la grabadora

las nueces

la mesa de sala

el cascanueces

el plato hondo

la videocasetera

las revistas

el estante de revistas

el telemando

las manzanas

el sillón

la alfombrilla

la cesta

la mesita

los libros

el espejo

la pared

el reloj

el estante para libros

la vela

la chimenea

las herramientas

la pantalla de chiminea

la lámpara

las flores

los leños

el florero

el teléfono

el bloc

el lápiz

La Sala de Estar

el cuadro

la barra de cortina

la ducha

el botiquín

el vaso

los cepillos
de dientes

las toallas
de mano

el enjuague
bucal

el papel de seda

el champú

la loción

el papel
higiénico

el baño
de espuma

el jabón

la pasta dentífrica

el lavabo

la bañera

el grifo

el inodoro

la muñeca

la crema para el cutis

el toallero

la alfombrilla de baño

el paño
para
lavarse

el
armario

el canasto

la cortina

el gorro
de baño

la esponja

el armario
de ropa
blanca

la bata
de baño

las toallas
de baño

la banqueta

el polvo
de baño

las zapatillas

la cesta

23

los platos

la repisa

el armario

el calendario

JUNE

las toallas
de cocina

la bandeja

la batidora

el abrelatas

la tostadora

el jabón

la batería
de cocina

el agarrador

las
latas

el mostrador

el hornillo

la estufa

el horno

el pitillo

la parrilla

24

las latas

el imán

el congelador

el guante
de horno

el refrigerador

el microondas

la tabla
para cortar

los
utensilios
de cocina

la ventana

las cortinas

las toallas
de papel

el jabón

los grifos

los
platos hondos

el fregadero

el fichero
de recetas

el lavaplatos

el libro
de recetas

el gato

las servilletas

la silla

el tarro de galletas

la mesa

el gatito

el platillo

el piso

La Cocina   25

el espejo

la planta

la cocina

la madre

el pastel

la sopa

los platos

la abuela

la sal y la pimienta

el pavo

las zanahorias

los panecillos

el bebé

la silla

la silla alta para infantes

el mantel

el hermano

el perro

26   En la Cena

los platos

el armario

el abuelo

el padre

el agua

la ensalada

el vaso

el cuchillo y la cuchara

los guisantes

el tenedor

la hermana

la muñeca

PRODUCTOS LÁCTEOS
ARROZ PASTA

2 — el letrero

BLANQUEADOR
JABÓN
DETERGENTE

el café

la mantequilla

los panecillos

los fiambres
la carne

la margarina

el queso

los huevos

el jugo

la leche

la sopa

las mermaladas
la jalea

los libros
las revistas

la cesta

la mantequilla
de maní

las galletas

las galletas
saladas

la caja
registradora

la cajera

la toronja

la bolsa

el ajo

los pastelitos

el mostrador

las bebidas
no alcohólicas

la bolsa
de plástico

el monedero

las frutas
enlatadas

los
encurtidos

el techo

3
PRODUCTOS ENLATADOS
DULCES
ROSITAS DE MAÍZ

4
PRODUCTOS
PARA HORNEAR
ALIMENTOS PARA
ANIMALES DOMÉSTICOS

las bolsas
para basura

las galletas saladas
en forma de lazo

las servilletas

los productos
de papel

el papel de aluminio

el té

el aderezo para
ensalada

los
mariscos

el
vinagre

la sopa
enlatada

el aceite para ensalada

la balanza

el pan

los tomates

cl pasillo

las trutas

el carrito

las zanahorias

los
limones

las
naranjas

el brécol

los
melocotones

las judías

las
ciruelas

los vegetales

las
manzanas

las cebollas

las papas

el anuncio

las
peras

las
uvas

el melón

las
bananas

las
frambuesas

El Supermercado   29

las nubes

la cabeza

la nariz
la boca

la oreja

el sombrero

la gaviota

el océano

el pulgar

el brazo

el traje
de baño

los
dedos

la muñeca

el codo

las rocas

la pierna

los vaqueros

el balde

la rodilla

el talón

el tobillo

la mano

la camiseta

el pelo

los
pantalones
cortos

el pie

los dedos del pie

el cangrejo

los ojos

la cara

los labios

el cuello

la barbilla

la pala

las piedritas

las conchas

las sandalias
de playa

la arena

30   En la Playa

Alphabetical Word List

In the list below, *el* is the article used for masculine singular nouns, *la* for feminine singular, *los* for masculine plural and *las* for feminine plural. Exceptions are noted in parentheses immediately following the article.

abrelatas, el: can opener
abuela, la: grandmother
abuelo, el: grandfather
aceite para ensalada, el: salad oil
acera, la: sidewalk
aderezo para ensalada, el: salad dressing
agarrador, el: pot holder
agua, el (feminine): water
ajo, el: garlic
alfabeto, el: alphabet
alfombrilla de baño, la: bathmat
alfombrilla de cama, la: bedside rug
alimentos para animales domésticos, los: pet food
almohadas, las: pillows
alumna, la: female student
alumno, el: male student
ambulancia, la: ambulance
antílope, el: antelope
anuncio, el: advertisement
aparador, el: dresser
árbol, el: tree
árboles, los: trees
ardilla, la: squirrel
arena, la: sand
armario, el: cabinet
armario de ropa blanca, el: linen closet
arriate, el: flower bed
arroz, el: rice
asiento junto a la ventana, el: window seat
asta de bandera, el (feminine): flagpole
audífonos, los: earphones
autobús, el: bus
avión, el: airplane
aviones, los: airplanes

balancín, el: seesaw
balanza, la: scale
balde, el: pail, bucket
baloncesto, el: basketball
bananas, las: bananas
banco, el: bank, bench
bandeja, la: tray
bandera, la: flag
banderines, los (SINGULAR: *banderín*): pennants
bañera, la: bathtub
baño de espuma, el: bubble bath
banqueta, la: stool
barbacoa, la: barbecue
barbilla, la: chin
barca, la: boat
barra de cortina, la: curtain rod
bata de baño, la: bathrobe
bate de béisbol, el: baseball bat
batería de cocina, la: pots and pans
batidora, la: blender
baúl, el: trunk
bebé, el: baby
bebidas no alcohólicas, las: soft drinks
becerro, el: calf

biblioteca, la: library
bicicleta, la: bicycle
blanqueador, el: bleach
bloc, el: notepad
blusa, la: blouse
boca, la: mouth
bolsa, la: pocketbook, purse
bolsa de plástico, la: plastic shopping bag
bolsas para basura, las: trash bags
bomba de incendios, la: fire engine
borrador, el: gum eraser
borrador de la pizarra, el: blackboard eraser
bote de remos, el: rowboat
botiquín, el: medicine cabinet
brazo, el: arm
brécol, el: broccoli
buzón, el: mailbox

caballo, el: horse
cabeza, la: head
cabra, la: goat
café, el: coffee
caja de zapatos, la: shoe box
caja registradora, la: cash register
cajera, la: female cashier
cajero automático, el: A.T.M.
cajones, los: drawers
calcetines, los (SINGULAR: *calcetín*): socks
calendario, el: calendar
calle, la: street, road
cama, la: bed
camino, el: path
camión, el: truck
camioneta, la: station wagon
camioneta de reparto, la: pickup truck
camiseta, la: undershirt, T-shirt
camisón, el: nightgown
campo de juegos, el: playground
canasto, el: wastebasket
cangrejo, el: crab
capota, la: hood
cara, la: face
caravana, la: camper (vehicle)
carne, la: meat
carreta, la: cart
carretera, la: road
carretilla, la: wheelbarrow
carrito, el: toy wagon
carromato, el: covered wagon
cartas, las: playing cards
carteles, los: posters
cartera, la: purse
casa, la: house
casa del granjero, la: farmhouse
casa de muñecas, la: dollhouse
casas, las: houses
cascanueces, el: nutcracker
casita de herramientas, la: shed
cebollas, las: onions
cebra, la: zebra

cena, la: dinner
cepillos de dientes, los: toothbrushes
cerca, la: fence
cerca de estacas, la: picket fence
cerdos, los: pigs
césped, el: lawn
cesta, la: clothes hamper, basket
cintas, las: ribbons
ciruelas, las: plums
cisne, el: swan
ciudad, la: city
clase, la: classroom
cocina, la: kitchen
cocodrilos, los: crocodiles
coche, el: car
coche de carreras, el: racing car
coche de niño, el: baby carriage
coche deportivo, el: sports car
codo, el: elbow
collar, el: necklace
comedero, el: trough
cómoda, la: bureau
compact disc, el: CD player
computadora, la: computer
conchas, las: shells
conductor, el: driver
conejo, el: rabbit
conejos, los: rabbits
congelador, el: freezer
convertible, el: convertible
corbata, la: tie
cordero, el: lamb
cortina, la: curtain
cortinas, las: curtains, drapes
crema para el cutis, la: cold cream
creyones, los: crayons
cruce de ferrocarril, el: railroad crossing
cuaderno, el: notebook
cuadro, el: picture, painting
cuarto, el: bedroom
cuarto de baño, el: bathroom
cuchara, la: spoon
cuchillo, el: knife
cuello, el: neck
cuervo, el: crow
cueva, la: cave
cultivos, los: crops

champú, el: shampoo
charca, la: pond
chimenea, la: fireplace

dedos, los: fingers
dedos del pie, los: toes
detergente, el: detergent
dirigible, el: blimp
ducha, la: shower
dulces, los: candy

elefante, el: elephant
elefantes, los: elephants
encurtidos, los: pickles

enchufe, el: electrical outlet
enjuague bucal, el: mouthwash
ensalada, la: salad
escalera de mano, la: ladder
escaleras, las: jungle gym
escritorio, el: desk
escuela, la: school
espejo, el: mirror
esponja, la: sponge
estación de bomberos, la: firehouse
estante de revistas, el: magazine rack
estante para libros, el: bookcase
estatua, la: statue
estuche de joyas, el: jewelry box
estufa, la: stove

falda, la: skirt
farmacia, la: drugstore
faros, los: headlight
fiambres, los: cold cuts
fichero de recetas, el: recipe file
finca, la: farm
florería, la: florist's shop
florero, el: vase
flores, las: flowers
fotografía, la: photograph
frambuesas, las: raspberries
fregadero, el: kitchen sink
frutas, las: fruits
frutas enlatadas, las: canned fruit

galletas, las: cookies
galletas saladas, las: crackers
galletas saladas en forma de lazo, las: pretzels
gallina, la: hen
gallo, el: rooster
gatito, el: kitten
gato, el: cat
gauchitos para tender ropa, los: clothespins
gaviota, la: sea gull
globo, el: balloon
globos, los: balloons
globo terráqueo, el: globe
gorilas, los: gorillas
gorro de baño, el: shower cap
grabadora, la: tapedeck
granero, el: barn
granjero, el: farmer
grifo, el: faucet
grifos, los: faucets
guante de béisbol, el: baseball glove
guante de horno, el: oven mitt
guisantes, los: peas

helado, el: ice cream cone
helicóptero, el: helicopter
henil, el: hayloft
hermana, la: sister
hermano, el: brother
herramientas, las: tools
hidrante, el: fire hydrant
hipopótamo, el: hippopotamus
hombre, el: man
horca, la: pitchfork
hornillo, el: burner
horno, el: oven
huerto, el: vegetable garden, orchard
huevos, los: eggs

iglesia, la: church
ilustraciones, las: drawings, pictures
imán, el: magnet
indicador, el: pointer
Indio, el: Indian
inodoro, el: toilet

jabón, el: soap, dishwashing liquid
jalea, la: jelly
jirafa, la: giraffe
judías, las: beans
jugo, el: fruit juice
juguete, el: toy

labios, los: lips
lago, el: lake
lámpara, la: lamp
lámpara de escritorio, la: desk lamp
lámpara de mesa, la: table lamp
lancha, la: motorboat
lápiz, el: pencil
latas, las: cans, canisters
lavabo, el: bathroom sink, washstand
lavaplatos, el: dishwasher
leche, la: milk
lechuga, la: lettuce
leños, los: logs
leones, los: lions
letrero, el: sign
librería, la: bookstore
libro de recetas, el: cookbook
libro para colorear, el: coloring book
libros, los: books
limonada, la: lemonade
limones, los: lemons
loción, la: lotion

maceteros, los: window boxes
madre, la: mother
maestra, la: female teacher
maíz, el: corn, maize
maletera, la: car trunk
manguera, la: hose
mano, la: hand
manta, la: blanket
mantel, el: tablecloth
mantequilla, la: butter
mantequilla de maní, la: peanut butter
manzana, la: apple
manzanas, las: apples
mapa, el: map
margarina, la: margarine
mariposa, la: butterfly
mariscos, los: seafood
medias, las: stockings
melocotones, los: peaches
melón, el: cantaloupe
mermaladas, las: jams
mesa, la: table
mesa de noche, la: bedside table
mesa de sala, la: coffee table
mesita, la: end table
microondas, el: microwave oven
minivan, el: minivan
molino de vientos, el: windmill
monedero, el: purse
mono, el: monkey
mostrador, el: countertop
motocicleta, la: motorcycle
mujer, la: woman

muñeca, la: doll, wrist
muro, el: stone wall

naranjas, las: oranges
nariz, la: nose
neumático, el: tire
nido, el: nest
niña, la: girl
niño, el: boy
nubes, las: clouds
nueces, las: nuts
números, los: numbers

océano, el: ocean
oficina de correos, la: post office
oficina del médico, la: doctor's office
oficina del veterinario, la: veterinary office
ojos, los: eyes
oreja, la: ear
osito de felpa, el: teddy bear
osos, los: bears
oveja hembra, la: ewe
ovejas, las: sheep

padre, el: father
pajarera, la: birdhouse
pájaro, el: bird
pájaros, los: birds
pala, la: shovel
palo del tendedero, el: clothes pole
pan, el: bread
panadería, la: bakery
panecillos, los: bread rolls
paño para lavarse, el: washcloth
pantalones, los: pants
pantalones cortos, los: shorts
pantalla de chiminea, la: fire screen
papas, las: potatoes
papel, el: paper
papel de aluminio, el: aluminum foil
papel de seda, el: paper towels, tissues
papel higiénico, el: toilet paper
parabrisas, el: windshield
pared, la: wall (of a room)
parque, el: park
parrilla, la: broiler
pasillo, el: aisle
pasta, la: pasta
pasta dentífrica, la: toothpaste
pastel, el: pie
pastelitos, los: cupcakes
pasto, el: pasture, grass
patos, los: ducks
patrullero, el: police car
pavo, el: turkey
payaso, el: clown
pelo, el: hair
pelota, la: ball
peluquería, la: hair salon
peras, las: pears
percha, la: clothes hanger
perro, el: dog
persiana, la: shade
picnic, el: picnic
pie, el: foot
piedritas, las: pebbles
pierna, la: leg
pila para pájaros, la: birdbath
pimienta, la: pepper